보이저 1호가 보이저 2호에게

최정희 시집

시인동네 시인선 265 최정희 시집

보이저 1호가 보이저 2호에게

시인동네

시인의 말

지금
날아오를 때라고

가슴에서
반짝이는 바람이 일었다.

2025년 10월
최정희

차례

시인의 말

제1부

보이저 1호 · 13

플라멩코 · 14

드라이아이스 · 15

데칼코마니 · 16

크레바스에서 · 17

사막 · 18

스파이더맨 · 20

롤러코스터 · 21

마네킹 · 22

뫼비우스 띠 · 23

삼족오 · 24

검은 사막 · 26

수박, 적도를 품다 · 27

축제 · 28

제2부

핼리혜성 · 31

평행우주 · 32

테라포밍 · 33

134340 · 34

혜성 · 35

전국(戰國) 시대 · 36

골든 레코드 · 38

별의 아이 · 39

23.5 · 40

갤러리 반지하 · 41

물의 자궁 · 42

몸속의 사원 · 44

달항아리 · 45

나의 도서관 · 46

제3부

꽃이 피는 이유 · 49

어둠에 들다 · 50

소리를 들이다 · 51

꽃무늬 몸뻬바지 · 52

바람의 지문 · 53

나비 화석 · 54

낡은 구두를 생각하는 저녁 · 56

e 편한 치과 · 57

저녁의 포구 · 58

월명(月明) · 59

사막의 바깥 · 60

사진을 찍다 · 62

빙점 · 63

내일의 날씨 · 64

제4부

고래좌의 눈물 · 67

민달팽이 · 68

청색 시대 · 69

선인장 · 70

사막을 건너다 · 71

갈대는 새의 가슴을 베지 않았다 · 72

파미르 · 74

나이테를 읽다 · 75

봄날에 읽는 시 · 76

그늘의 배후 · 77

세화리 가는 길 · 78

봄의 내력 · 80

보름 · 81

파시 · 82

제5부

비의 전각 · 85

박주가리 · 86

다빈치 글로 · 87

GPS를 켜다 · 88

증언 · 89

판화를 새기다 · 90

신라의 달밤 · 92

대왕암 · 93

새벽이라는 종교 · 94

새벽이라는 종교 2 · 95

푸른 서책을 읽다 · 96

나무 도마 · 98

외계인을 추억하며 · 99

보이저 2호 · 100

해설 핼리혜성에서 물의 자궁까지 · 101
오민석(문학평론가·단국대 명예교수)

제1부

보이저 1호

서로의 안부 인사는 여기쯤에서 끝내요
어깨에 짊어진 삶의 무게를 벗어던지자
내 안의 끝없는 역마살
등대처럼 반짝여요

심장을 뛰게 하는 건 두려움 혹은 설렘
미지의 지평선 우주의 끝을 향해
새로운 여정의 시작
내 피는 요동쳐요

고독은 방랑자의 숙명일까요 낭만일까요
태양은 가슴속 추억으로 남겨두고
오르트 저 구름 너머
내 별을 찾아 떠나요

플라멩코

스페인으로 떠날 거예요
플라멩코를 배우려고요
내 핏속의 역마살 자유를 꿈꾸어요
붉은빛 보헤미안의 꿈
우린 모두 집시였죠

영원한 안식이란 오직 죽음뿐인걸요
한 치 앞도 알 수 없는 오늘 그리고 내일
인생은 끝없는 여정
길 위의 삶이에요

희로와 애락들, 모든 것이 행복이듯
하루의 끝 석양이 아름다운 이유이죠
고독한 영혼의 언어
플라멩코를 춰 볼까요

드라이아이스

차가운 얼음의 체온을 지녔지만
한 방울 눈물이 없어 썩지 못한 미라
오래된 문명 속으로 돌아오지 못했다

룩소르 신전에 바쳐진 사막의 눈물
태양은 남김없이 잔을 들어 마시고
한낮의 하늘 위에서 하얗게 타들어 갔다

눈물은 구름 되어 마른 대지 적신다
돌아가지 못한 것은 돌아올 수 없는 법
계곡엔 떠도는 영혼만 허공에 가득하고

꿈의 파편이 모래 먼지로 일어서는 사막의 밤
죽은 자의 입술은 얼음처럼 차갑다
그러나 가슴을 적실 눈물은 없었다

데칼코마니

몬드리안 그림 같은 사각의 공간 틀을
반을 접어 찍어낸 듯 똑같은 데칼코마니
대칭은 천칭 저울처럼 비교하기 좋아요

틀린 그림 찾기 같은 101호와 102호
가구며 자동차 남편과 아이들까지
점 하나 작은 차이가 큰 차이를 만들어요

내 발아래 사는 남자 내 머리 위에 사는 여자
△ 1, 2, 3 …… ▽ …… 3, 2, 1
계단의 높낮이처럼 계층을 만들어요

다르지 않은 것에 안도하며 불안해하며
소통을 빙자해 서로를 탐색해요
우리는 다르다는 것에 안도하고 불안해해요

크레바스에서

깊이일까, 높이일까 까마득한 얼음 절벽
막다른 길 위에서 갈 길을 묻는다
균열된 발밑의 바다 흔들린 생의 지축

내려가야 하는 걸까 올라가야 하는 걸까
실패한 꿈들이 빙벽 속에 갇혀 운다
햇살에 녹아 흐르는 새하얀 빙하 조각들

삶과 죽음이 공존하는 차갑고도 뜨거운 길
꿈꾸는 가슴이 있어 나 지금 살아 있다
별빛은 어둠 속에서 돌올하게 빛나고

눈부신 태양 빛에 설산이 눈을 뜬다
푸르른 아드레날린 고동치는 붉은 심장
빙벽에 하켄을 박는다
카라비너에 로프를 건다

사막

사막은 외로워 꿈을 꾼다, 동화처럼
바람과 모래와 낙타의 순한 눈과

노을 진 지평선 너머
사구 위로 별이 뜬다

사막은 어쩌면 마음속에 있는 것
침묵의 언어로 끝없이 말을 거는

텅 비어 가득 찬 사막
태양은 더 뜨겁고

사막이 아름다운 건 샘이 있기 때문이라고
내 안의 어린 왕자 귓전에 속삭인다

길 없는 길을 따라서
샘을 찾아 나선다

사막이 밀밭처럼 바람에 일렁인다
잊혔던 꽃 한 송이 가슴에서 다시 핀다

꿈꾸는 사막이 있어
오늘 밤 별은 빛나고

스파이더맨

벼랑 끝 거미줄에 오늘의 양식이 있어
고층빌딩 외벽 위에 매달린 사내 하나
햇살이 창(槍)을 겨눈다
바람이 줄을 흔든다

밖의 창을 닦으면 안의 창이 환해진다
얼룩진 생의 이면도 닦고 닦으면 맑아지려나
빛나는 세상을 위해 묵은 먼지 씻어낸다

깨끗해진 유리창에 비춰보는 자화상
등허리에 소금꽃 하얗게 만개할 때쯤
허공 위 길게 늘인 줄
지상의 길이 된다

롤러코스터

허공에서 비명 소리 꽃잎처럼 떨어진다
기쁨인지 고통인지 알 수 없는 아비규환
그 줄에 나는 서 있다
심장이 폭주한다

높아진 위치에너지 추락은 한순간이다
단전에 힘을 주고 중력을 이겨내면
혼돈의 삼백육십 도 회전 트랙이 눈앞이다

벗어나고 싶은 욕망 본능의 원심력을
이성의 구심력 정신을 부여잡고
주어진 궤도를 돌아 땅 위에 다시 선다

공포와 희열이 공존하는 인생 열차
수없이 다시 타도 언제나 처음인 듯
내 삶은 롤러코스터
도전이요 모험이다

마네킹

새로운 변신을 시작한다, 계절을 앞서
유행을 선도하는 뛰어난 패션 감각
몸매는 경쟁력이다
완벽한 패셔니스타

화려한 무대 조명 쏟아지는 뜨거운 시선
대중의 욕망에 매몰돼 사라진 자아
자신을 잃어버린 저
신화 속 아프로디테

가슴속 텅 빈 허기 신상으로 포장한 채
먼 곳을 응시하는 공허한 눈동자
쇼윈도 풍경 밖으로
한 계절이 지나간다

뫼비우스 띠

어디가 시작이고 어디가 끝이던가
어제가 오늘 같고 오늘이 내일 같다

앞과 뒤 구분이 없는
끝없는 무한궤도

변함없이 반복되는 무의미한 하루 또 하루
밖을 향해 걸었는데 안쪽에 당도했다

극적인 반전은 없다
돌아 돌아 다시 제자리

새벽 그 여명 속에서 빛과 어둠이 하나이듯
삶과 죽음은 파장에 따른 생의 연속 스펙트럼

오늘의 지는 저 해가
내일의 태양이다

삼족오

태양의 흑점은 내 종족의 무덤이다

지구에서 사라진 다리 셋 달린 짐승

뜨거운 저 활화산 위 불타는 봉분이다

다르다는 건 이마에 검은 낙인을 찍는 일

정반합, 가장 완벽할 걸음이었을 다리는

박제된 시선 속에서 전설로 사라지고

까악까악 각혈하듯 토해내는 붉은 마그마

가슴마저 검게 타 어둠으로 깊어졌다

차갑게 식어버린 심장 아득해지는 숨소리

생의 완성을 위해 날아든 불꽃 속

비로소 역사 속 신화가 된 차디찬 생

태양 위 검은 문양은 내 종족의 무덤이다

검은 사막

어디를 향해 가나 수많은 실크로드
카라반 긴 행렬은 꼬리에 꼬리를 물고
뜨거운 검은 사막을 낙타 떼 질주한다

지평선을 잃어버려 내일을 알 수 없는
사막의 길들은 각이 진 채 끊겨 있다
바람에 흩어진 모래알 황금빛 노을은 없다

마천루 우뚝 솟은 이 도시는 신기루
넘쳐흐르는 오아시스 갈증은 끝이 없다
입안의 붉은 가시초 오래 씹어 삼킬 뿐

네온의 불빛들이 별처럼 돋는 저녁
부르튼 발바닥 물집들이 터진다
축축이 젖은 뿌리에 선인장 꽃이 핀다

수박, 적도를 품다

얼룩말 뛰어노는 둥근 지구 적도 위에
벼려진 칼을 대자 갈라지는 푸른 대지
태양도 둘로 나뉘어
차갑게 피 흘린다

양철마저 녹아내리는 뜨거운 전쟁 속에
쪼개지고 파헤쳐져 흩어지는 붉은 심장
모두가 떠난 자리엔 핏물만 흥건하다

꿈꾸며 박혀 있던 동공 같은 까만 씨앗
황폐해진 정글 속에 버려진 채 나뒹군다
내일의 새싹들이다
난민촌이 분주하다

축제

이제 곧 축제가 시작되네, 하늘과 땅에

라마승 향을 피워 하늘길을 열고
인골의 피리 소리는 새들을 불러모으네

이생의 마지막 육신 옷을 벗는 시간
가난한 영혼에 바치는 소박한 만찬
새들의 뜨거운 춤사위 축제는 절정이네

내가 새가 되고 새가 내가 되어
자연으로 돌아가는 화려한 축제의 끝
땅에는 풀들이 누워 온 곳으로 돌아가네

살아 있는 모든 것이 제집을 찾아드는 저녁

핏물은 어둠에 스며 붉은 해로 뜨려나
허공엔 바람이 외는 만트라만 가득하네

제2부

핼리혜성

떠돌이 유랑극단 밤하늘에 천막을 치면
상상의 나래 펴는 반짝이는 눈빛들
황홀한 꿈의 세계로 모험을 떠나네

공중에서 펼쳐지는 전설의 우주쇼
불을 품은 얼음 마차 하늘을 내달리면
장중은 열광의 도가니
환호가 난무하죠

빛나는 추억 하나 가슴에 남겨두고
광활한 저 우주로 또다시 길 떠나는
사건의 지평선 너머 아스라이 사라지네

평행우주

우주는 멋진 신세계
클론을 생산한다
동일한 DNA 무한한 자기 복제
은하계 어딘가에서 블루마블이 빛나고 있다

같은 모습 같은 시간 살고 있을 똑같은 나
다른 생각 다른 세상 살고 있는 또 다른 나
평행한 우주의 시간 속
무수한 데칼코마니

운명을 결정하는 끝없는 갈림길
오늘의 선택이 내일의 나를 만든다
지구와 똑같은 행성
나와 다른 도플갱어

테라포밍

붉은 사막 대지 위로 푸른 노을이 오면
하늘엔 두 개의 달 어둠을 밝힌다
별처럼 빛나는 지구
자기 복제를 시작한다

한 치 앞을 알 수 없는 농도 짙은 모래폭풍
자전의 밤을 지나 뜨겁게 태양이 뜬다
어제와 또 다른 오늘
초록을 꿈꾼다

극관에 흐르는 물 초록을 깨우면
메마른 계곡에선 생명이 돋아난다
차디찬 붉은 행성에
푸른 꿈을 이식한다

134340

태양계 제일 바깥 조금 다른 공전 궤도
기존의 틀을 벗어나 자신만의 길을 갔다
자격을 박탈당했다
행성에서 퇴출됐다

지배적 권위 따윈 일찌감치 내려놓고
위성과 발을 맞춰 춤을 추며 걸었다
낭만적 사상을 지닌 독보적 이단아

내면이 단단한 왜소행성 명왕성
중심의 흔들림 없이 공전을 계속한다
독자적 노선을 걷는
영원한 아웃사이더

혜성

누구의 영혼일까
자유로운 보헤미안
궤도를 벗어나 방랑하는 집시별
시원의 비밀을 품고 나그네로 떠도네

구심점은 구속점
벗어날 수 없는 궤도
반짝이는 별빛으로 내 삶에 찾아든 너
스치는 시절 인연이 생에 질문을 던지네

너의 길과 나의 길
어느 생의 모퉁이
우연이란 이름으로 다시 너와 마주치기를
꼬리별 긴 긴 여운이 아련하게 빛나네

전국(戰國) 시대

비명 소린 사치였나 하얗게 봉인된 입
확장된 동공 속엔 두려움이 가득하다

파괴된 자연의 역습
시작된 헝거 게임

뭉치면 죽고 흩어지면 산다
새롭게 제시되는 생존의 손자병법

무너진 삶의 경계들
지쳐가는 하루하루

함락된 도시들 쓰러지는 패잔병들
보이지 않는 적들에 공포는 배가 된다

짙어진 검은 그림자
전염된 좀비 인간

소란한 고독 속에 기다림은 기약 없고
멈춰선 일상 위로 초록도 낙엽 진다

세상에 영원은 없다
오면 또 가는 것을

골든 레코드

어느 날 문득 하늘에 나타난 UFO
안녕하세요, 헬로우, 곤니찌와, 봉쥬르
지구의 환영 인사말이
둥근 판에서 흘러나왔다

웅장하고 신비로운 음악과 소리들
아름다운 자연과 인류 문명의 모습들
은하계 먼 행성에서 보내온 황금빛 선물

고독한 기다림에 신이 주신 화답인가
오래도록 꿈꿔왔던 고등한 지적 생명체
마음에 악수를 청하는 푸른 별 지구인

태양계는 어디일까 몇 광년의 거리일까
두 문명의 뜨거운 만남을 기약하며
한 줄기 꿈의 메시지를
지구로 타전한다

별의 아이

어느 별에서 너는 왔니
우린 모두 별의 아이
오래전 사라진 초신성 별의 씨앗
저 먼 먼 시공을 날아
우리 몸에 파종을 했다

별을 향한 동경은 무의식의 흔적들
기억 속에 각인된 반짝임의 추억들이
가슴속 그리움으로 나의 별을 찾는다

오늘 나의 죽음은
고향으로 돌아가는 일
흩어진 초신성의 후예들 다시 모였다
먼 먼 저 우주 속에서
별 하나 탄생한다

23.5

기울어진 중심축에 달이라는 네가 있다
지구를 끌어당기는 중력보다 더한 인력
마음은 사계절처럼 무수한 색을 갖는다

달을 잃은 자전축은 직각으로 날이 선다
세상은 뜨거운 열대 아니면 차가운 한대
태풍이 휘몰아친 자리 삶은 온통 폐허다

자전의 각도만큼 천천히 돌아 너는 왔다
밀물과 썰물 사이 여백 같은 텅 빈 충만
가슴속 너른 갯벌에 생명이 숨을 쉰다

갤러리 반지하

반지하 유리창에 추상화 한 점 걸려 있다
몬드리안 그림 같은 분할된 빛과 어둠
공간이 작품이 된다
삶이 곧 예술이다

어제의 캔버스엔 물방울이 그려지고
나직한 빗소리 BGM으로 깔렸다
오늘은 비디오 아트 화면 속에 나비가 난다

추상에서 구상까지 미술사를 아우르며
조금씩 높아지는 작품 보는 미적 안목
이곳이 미술관이다
나는 나를 전시한다

물의 자궁

물은 수많은 자궁을 지녔다
봄부터 가을까지 언제나 만삭이다
넉넉한 양수의 힘으로
생명을 품었다

물의 살을 찢고 가시연꽃 피었다
물의 탯줄을 끊고 잠자리 날아올랐다
날마다 생명을 낳는
눈부신 물의 자궁

빌렌도르프 비너스* 풍요를 기원하던
주술적 영험으로 물 한 그릇 바쳐졌다
메마른 자궁 속으로
양수가 차오르고

36.5° 따스한 물속 어미는 알을 슬었다
내 몸에서 나던 그 물소리 물비린내
아, 나는 물의 자궁에서 태어났다

양서류처럼

---

*빌렌도르프 비너스: 1909년 오스트리아의 빌렌도르프에서 발견된 구석기시대의 여성나상(女性裸像). 생식·출산을 상징하는 주술적·원시적 숭배의 대상이었던 것으로 생각됨.

몸속의 사원

열 번의 달이 차고 지는 동안 여인은
자궁이란 사원 안에 경전을 새기네
장엄한 화엄의 세계를 꽃씨 속에 새겨넣듯

청보리밭을 지나는 바람의 몸짓과
새소리 가득한 봄날의 환한 고요
태양의 빛과 어둠은 동공 속에 새겨넣네

제단 앞 비손의 청정한 물 한 대접
우주를 돌고 돌아와 양수로 부푸네
흠 없이 완전무결한 신성한 경전 한 편

이제 곧 닫혔던 사원의 문이 열리네
세월의 마니차를 돌리는 늙은 여인들
폐허의 사원에 앉아 새 경전을 받아 드네

달항아리

이제, 여자의 몸은 캄캄한 그믐이다
달항아리 들어낸 자리 어둠이 들어찼다
가슴에 바람이 인다
밝음과 어둠 사이

깨어진 틈 사이 무시로 새던 달빛
떨어진 파편들은 파리한 낮달로 떴다
서서히 이지러지는
하현의 조각달

빛이 없는 소실점은 시작점일까 끝점일까
비워낸 빈 공간은 내 생의 여백이다
칠흑의 어둠 속으로
그렁그렁 별이 뜬다

나의 도서관

한 권의 책이 사라졌다 내 작은 도서관에서
낡고 오래되어 겉표지가 닳고 해진
이제는 열람 불가한
나를 키운 백과사전

묵직한 두께 앞에 범접할 수 없었다
고루한 지식이라 한때는 외면했다
세월에 더욱 깊어진
아버지라는 철학서

책장 가득 살아 있던 진솔한 삶의 향기
지친 생의 모퉁이에서 언제나 찾아가던
살면서 더욱 그리운
영원한 나의 고전

제3부

꽃이 피는 이유

한 생이 머물던 자리 운구차에 실려 떠나면
균형을 잃은 골목이 한쪽으로 기우네
슬픔은 뿌리로 흘러 마른 줄기를 적시네

겨울의 긴 산도를 지나온 하얀 정수리
죽은 자의 봉분처럼 꽃봉오리 부푸네
다급한 만삭의 봄이 햇살 한 줄기 부여잡네

마침내 터지는 봄날의 환한 저 울음
기울었던 골목이 다시 균형을 잡네
가고 또 오는 것들로 골목 안이 분주하네

조등으로 내걸린 달빛이 하얗게 지네
뜨겁게 떠오르는 핏덩이 붉은 태양
한 숨이 다른 한 숨으로 피고 지고 또 피네

어둠에 들다

일찍 시작된 어스름한 지상의 어둠이
하나둘 하늘의 별들을 불러 모은다
이제는 꿈을 꿀 시간
숲은 어둠에 든다

나무를 키우는 건 빛만이 아니어서
적막이 깃드는 저녁 초록을 지운다
바람을 잠재운 밤은
깊은 사색에 든다

연둣빛 햇살을 물고 새들이 날아오른다
꿈꾸던 어둠을 나이테에 들였는가
한 뼘쯤 자란 생각들
생의 무늬를 그린다

소리를 들이다

돌처럼 굳어버린 단단한 저 쇠붙이
뜨겁던 한 생을 차갑게 돌아 나와
마음속 텅 빈 허공에 가만히 손을 댄다

심장에 돋을새김한 울음의 무늬들
함몰된 깊이만큼 여울이 생겨나고
온몸에 번지는 파문 여전히 어지럽다

삼백에 예순 날 더해 일 년을 운다 해도
그림자 같은 그늘들 다 지울 수 없는 것을
가슴에 소리를 들여 신명으로 풀어낸다

한바탕 굿거리장단 걸판지게 놀다 보면
명치끝 맺힌 응어리 풀씨처럼 날린다
어깨춤 절로 흥겨운 완성된 환한 징 소리

꽃무늬 몸빼바지

꿈꾸는 계절은 언제나 봄이었나
한 마 세 치 꽃밭을 제 몸 안에 드리우고
주름진 고랑 사이사이 꽃씨를 묻었다

산비탈 따비밭에 진종일 뿌리내리고
땀방울 거름 삼아 꽃들이 만개했다
한 줄기 바람에 실린 꽃향기 시큼한데

저녁놀 등에 지고 꽃대궁 흔들린다
가물어진 논바닥 마르고 갈라진 밭
불안한 꽃잎 꽃잎들 무성하여 눈물겹다

무심히 걸려 있는 소박한 엄마의 꽃밭
마음에 꽃이 피면 늙어도 봄날이러나
아득한 어둠 속에서 꽃들이 눈부시다

바람의 지문

태풍이 휘몰아친 바람의 흔적인가
어머니 손바닥 위 삭정이 가득하다
상처로 욱신거리는
손톱 위 푸른 초승달

시베리아 고기압 차디찬 문양으로
삶은 또 쉼 없이 흔들려야 하는 건가
아버지 굽은 손마디
더께 앉은 굳은살

깊게 팬 골짜기엔 물소리 아득하고
메마른 대지에는 모래 먼지 버석일 뿐
세월은 지문 속에서
나이테를 그린다

나비 화석

어머니 골반 속에 나비 한 마리 살고 있다
장자의 붕새처럼 날아오를 때 기다리는가

단 한 번 날갯짓이 곧
처음이자 마지막이다

세월의 지층에서 굳어버린 하얀 날개
바람을 그러모아 그때를 준비하는가

구멍 난 뼈마디마다
바람이 가득하다

아득한 꽃의 향기 기억을 더듬는다
캄캄한 폐허 속에 잃어버린 길을 찾는가

녹이 슨 날갯짓 소리
시린 뼈가 쑤시고

호접몽 꿈속으로 길을 찾은 나비 한 마리
하늘로 날아오르는가 가슴에서 바람이 인다

지난한 생의 바깥으로
꽃들이 일어선다

낡은 구두를 생각하는 저녁

등 푸른 물고기 떼 유유히 헤엄치는
눈부신 아침 해안 수평선이 길을 열면
오래된 목선 한 척이
출항을 서두른다

상어의 이빨을 숨긴 바람의 맥을 짚고
태양의 눈빛 또한 놓치지 않고 확인하지만
망망한 저 바다 속내 읽기 아직 어려운데

늦은 저녁 마주친 물 비린 정어리 떼
속절없이 끌려다니다 돌아오는 새벽이면
부서진 난파선같이 파도에 흔들리고

등대의 불빛같이 불 밝힌 내 집 유리창
가물가물 찾아드는 항구 비로소 닻을 내린다
아내의 잔소리 와락,
햇살처럼 쏟아진다

e 편한 치과

예고 없이 찾아드는 통증
밤새 이가 아팠다
소화되지 못한 것들 곪아 터진 찌꺼기들
쌓이고 쌓인 것들에 서서히 이가 썩었다

참회하듯 입을 벌리고
썩은 이를 뽑았다
익숙해 편안하기에 알면서도 묵인했던
관행의 오래된 습관 뿌리까지 썩었다

난 자리 허전함에 자꾸 혀가 들락거렸다
한때는 동고동락한 썩어빠진 이의 자리
여전히 미련이 남아
텅 빈 자리 매만진다

저녁의 포구

새끼 품은 어미처럼 포구가 누워 있다
늘어진 젖을 빨듯 매달린 어선 몇 척
파도는 지친 뱃전을 가만가만 쓸어준다

고단했던 오늘 하루 소주 몇 잔에 위로받은
어부의 얼굴 가득 노을빛 물들었다
등 뒤로 까만 봉지가 달랑달랑 따라간다

어둠 내린 수평선이 바다를 잠근다
어판장을 빠져나온 비릿한 바람 한 점
제 안의 등댓불 쫓아 골목을 오른다

월명(月明)

집어등 불빛같이 하늘에 달이 떴다

달빛 쫓아간 물고기 돌아오지 않고

어부의 성긴 그물에 바람만이 가득하다

사막의 바깥

사막의 표정은 텅 비어 무료하다
오래 걸어온 낙타의 발굽은 낡아 있고
기억은 신기루처럼
지평선에 걸린다

바람이 지나온 길들을 지우는 시간
낙타가 무릎을 접고 대지에 몸을 누인다
저녁은 긴 그림자를 끌고
어둠으로 든다

적막한 어둠을 틈타 소리가 살아난다
바람의 발자국 소리 달이 기우는 소리
내 안에 이는 소리로
불면의 밤이 깊어간다

뜬눈으로 밤을 지샌 별빛이 흐려진다
길잃은 영혼의 무덤 같은 사구 하나
바람은 모래 능선 위로

오늘의 길을 낸다

달이 지나간 하늘 위로 태양이 떠오른다
낙타는 예정된 길을 향해 무릎을 펴고
인간은 사막의 바깥
내면을 향해 걷는다

사진을 찍다

사진을 찍는다는 건 순간을 붙잡는 것

반짝이는 사유를 오래도록 기억하는 것

가슴속 떨리는 조우 영원으로 인화한다

기다리는 시간은 내 안의 너를 만나는 시간

빛나는 푸른 속살로 네가 내게 올 때까지

사각의 마음의 문은 너를 향해 열려 있다

내가 너를 만나는 건 내가 나를 만나는 것

영혼이 공명하는 찰나의 그 순간

손끝이 전율을 한다 셔터를 누른다

빙점

화려한 고층빌딩 새로 입사한 신입사원
순도가 높을수록 어는점도 높아진다
염천의 삼복더위에 얼어버린 몸과 마음

입김 시린 말 한마디에 사무실은 겨울 왕국
등 뒤의 에어컨은 북풍한설로 몰아친다
동사한 입사 동기는 전설처럼 사라졌다

무심한 듯 건네지는 따뜻한 냉커피 한 잔
녹아내린 빙수처럼 달콤하게 웃는다
빙점은 녹는점이다
올라가는 마음의 온도

내일의 날씨

태양을 중심으로 돌고 있던 명왕성같이
구심점을 잃어버린 사내의 하루 또 하루
지구의 자전주기는 너무도 길고 길다

정보지 글자 속에서 뿌리내릴 길을 찾지만
한 줄기 등대 불빛 어디에도 보이지 않고
하얀 저 행간 사이를 난민처럼 표류한다

공전하는 지구에는 계절의 변화가 있고
바람의 풍향계는 수시로 바뀌기에
태풍이 몰아치는 밤 빗물에 창을 닦는다

제4부

고래좌의 눈물

밍크고래 한 마리 주검으로 발견되었다
잠겼던 문을 열자 드러나는 타살의 흔적
나는 저 고독한 죽음의
방관자요 공범자였다

고래 뱃속 요나 같은 플라스틱 빨대와 컵
누구도 이 죽음으로부터 자유롭지 못했다
달빛은 저녁 하늘에 조등으로 걸리고

암각화에 새겨넣던 주술 같은 염원이었다
젊은 날의 노스텔지어 자유의 상징이었다
질식한 우리의 꿈은 조각조각 해체되고

미필적 고의에 의한 살인이란 아픈 죄목
창살 같은 갈비뼈 마음 감옥을 짓는다
고래좌 별로 뜨지 못해 갈 길 잃은 눈동자

민달팽이

집이 없어 지친 어깨로 찾아드는 한 평 쪽방
꿈조차 가위눌릴 듯 지붕 없는 천장은 낮고
발조차 곧게 펼 수 없어 다리는 퇴화되었다

차디찬 노숙의 불안을 내려놓으면
더듬이 끝에 만져지는 끈적끈적한 외로움
유전된 가난한 잠이 서둘러 돌아눕는다

창문 없는 방 안엔 어둠만큼 그늘도 깊어
뿌리 없는 이끼들만 무성하게 돋는 사이
지구를 한 바퀴 돌아 아침이 당도한다

하루 치의 오늘을 발밑에 드리우고
갈 곳도 가야 할 곳도 없는 길 위에서
도반의 그림자도 없이 다시 길을 나선다

청색 시대

이제는 청색 시대, 다리는 퇴화되었다
족보에 새겨진 반짝이는 고래좌
난바다 흰수염고래는 내 먼 먼 조상이었다

용골 같은 등뼈가 거친 물살을 가른다
고래의 힘줄보다 더 질긴 고무 지느러미
무심한 인파 속으로 미끄러지듯 사라진다

암초 같은 계단 앞에서 표류하는 눈동자
네온의 불빛들은 등대 빛이 아니었다
어둠 속 세찬 파도에 부표마저 위태롭다

동료를 부르는 고래의 노랫소리
활짝 연 분수공 위로 무지개를 띄운다
둥그런 지느러미가 헤엄치듯 굴러간다

선인장

생존 앞에 모든 것은 날카롭게 벼려져
막다른 절벽 그 끝에 선 한 마리 짐승처럼
사납게 으르렁거렸다
송곳니를 드러낸 채

토해내지 못한 울음을 몸 안에 가두고
뜨거운 한낮 열기를 차디찬 밤의 한기를
치열히 맞서고 있었다
창으로 무장한 채

초록을 꿈꾸었다, 마른 땅에 뿌리내리며
잔인한 생의 시간들을 견디고 있었다
퇴화된 가시 끝에서
푸른 잎 돋을 때까지

사막을 건너다

불시착한 행성에 가득한 모래언덕
썩지 않은 그리움만 화석처럼 출토된다
가슴속 눈물을 아껴 사막을 건넌다

어린 왕자의 여우는 지금 어디에 있나
별빛 총총한 사막은 텅 비어 고요하다
전갈의 꼬리 같은 저
맹독의 검은 유혹

오후 네 시 모래알이 햇살에 반짝인다
아무도 길들이지 않은 나는 나를 길들이며
먼 별의 장미 한 송이 바람 앞에 심는다

지상의 모든 길이 모래폭풍에 사라진 밤
나는 나의 손을 잡고 마음의 길을 따라간다
오늘의 태양이 뜬다
사막이 뜨거워진다

갈대는 새의 가슴을 베지 않았다

처음부터 뿌리는 눈물에 닿아 있었다
습지에 버려진 태생 푸르게 날을 갈았다

눈부신 세상을 향해
칼날을 들이대던 날들

외로웠다, 강물 소리 발밑에 와 부서지고
텅 빈 가슴 바람에 하염없이 흔들리고

허공에 하얀 갈꽃이
눈물처럼 날렸다

무너져 내리고픈 차디찬 발밑으로
아득한 하늘을 날아 찾아든 새 한 마리

시린 발 젖은 날개 속
꿈의 냄새 묻어 있어

캄캄한 하늘 위로 별들은 맑게 뜨고
따뜻한 심장 소리 닫힌 가슴 두드리는

햇살이 스며든 자리
푸른 싹이 돋고 있다

파미르

파에선 파미르의 향기가 은은히 난다
고원의 맵고도 알싸한 바람의 냄새
머나먼 이국의 향기가 그윽하게 배어 있다

고원에 가득한 저 바람을 감싸 안으려
제 속을 허공처럼 텅 비운 푸른 대궁
차고도 맑은 바람이 시리도록 쏟아진다

험준한 산맥을 넘고 황량한 사막을 건너
동쪽 끝 이곳까지 고달팠을 길고 긴 여정
아릿한 고원의 향기는 뿌리 속에 간직했다

설산처럼 일어서는 가슴속 그리움
한 줄기 푸른 파미르 제 근원을 잊지 않으려
파꽃은 봉우리마다 흰 눈꽃을 피워올린다

나이테를 읽다

생은 온통 흔들림의 기억으로 남는가
나무의 가슴은 소용돌이로 어지럽다
상처를 보듬어 안은 강물의 파문처럼

안으로 삭혀 삼킨 울음의 무늬인지
밖으로 밀어냈던 몸부림의 흔적인지
손금의 운명선같이 가지들은 뻗어 나가고

빛과 어둠 현실과 이상, 그 삶의 온도 차
바람은 언제나 제 안에서 일었다
우듬지 경계를 넘어 푸른 길을 찾는데

현기증으로 사는 일에 멀미가 나는 날엔
발밑의 뿌리들은 따뜻한 흙 움켜잡는다
연둣빛 어린 연어 떼 돌아오는 가지 끝

봄날에 읽는 시

꽃의 문장은 화려하다
그러나 천박하지 않다
뿌리로부터 길어 올린 깊이 있는 문장 속엔
오래된 생명에 대한 사유가 담겨 있다

꽃잎의 밝고 화사한 은유 속에 숨겨진
역설같이 치열했던 생의 고뇌와 몸부림
한 편의 짧은 시들이 아름다운 이유이다

언제나 생명이 주제였던 꽃의 언어
씨방 속 가득한 열정 폭발하듯 터진 봄날
자연의 영원한 고전 꽃들을 읽는다

그늘의 배후

그늘의 배후는 한낮의 초록이다
그늘 한 필 짜는 동안
봄을 다 탕진했다
남은 건 적막 가득한
오후의 열기뿐

햇살 냄새 오롯한 초록빛 어둠 속에
청량한 바람 한 점
그림자에 스며든다
태양이 뜨거워진다
그늘이 싱싱하다

매미의 울음소리 여름이 깊어간다
땀에 젖은 시간이
꽃으로 만개한다
그늘을 긁어모으자
소금이 한 섬이다

세화리 가는 길

표선 지나 세화리 가는 길에
사람이 없다
가도 가도 길뿐인 그 길에
사람이 없다
햇살에 꽃대 올리는 억새만 지천이다

여기가 어디쯤인지 알려줄
사람이 없다
어디로 가야 할지 물어볼
사람이 없다
억새를 스치고 가는 바람만 지천이다

적막하고 쓸쓸한 그 길에
계절이 있다
오늘이 어제 같고 내일 같은
세월이 있다
천천히 저물어 가는 오후의 생이 있다

세화리 막다른 그 길 끝에
마을이 있다
호젓하게 늙어가는 오래된
집이 있다
소박한 저녁을 맞는 당신 같은 내가 있다

봄의 내력

연둣빛 내력들이 제 몫의 봄을 키워
온 들녘 빼곡히 알들을 슬었는가
깨어나 거슬러 오르는 물고기 파릇하다

저 꽃은 언제 처음 가지 끝에 피었을까
탱탱하게 들어찬 햇살의 수런거림
지상엔 꽃들의 소문만 무성하게 번지는데

바람난 배추흰나비 꽃들과 몸을 섞는
지독한 봄의 향기 어지러운 하늘 한 켠
물오른 나무는 왈칵 초록 잎을 해산한다

보름

뽀얀 젖빛 흐벅진 퉁퉁 불은 저 젖가슴

허기진 밤하늘은 젖꼭지를 찾아 문다

속살을 훤히 드러낸 젖 물리는 여인 하나

나른한 포만감에 봄밤은 잠이 들고

살이 오른 꽃봉오리 배냇짓으로 벙근다

사방에 흘러넘치는 달큰한 젖비린내

파시

고기가 온다, 유전자에 새겨진 선명한 물길
바다의 물빛마저 환하게 바꿔놓으며
운명의 그 길을 따라
떼를 지어 오고 있다

별자리 운항처럼 몸 안에 새겨진 항로
자궁 속 그리움이 잠든 세포를 깨우면
은하의 흰 별빛같이 비늘들 반짝거리고

공전의 속도로 돌아오고 있는 것들
바다의 심장이 푸르게 요동친다
어부는 파도의 문장을 꼼꼼하게 읽는다

무거워진 바다 한쪽이 둥글게 휘어진다
만선의 깃발로 마중 나가는 어선들
오래된 파시의 기억
포구가 술렁인다

제5부

비의 전각

전돌 위에 새겨넣은 빗물의 암각화
막다른 삶의 끝에 온몸으로 아로새긴
투명해 읽을 수 없는
비문이 놓여 있다

여리고 무른 것들 상처 입은 가슴속
표현하지 못한 말들 말줄임표로 새기었다
행간에 감춰진 은유
눈물만 가득하다

깊이를 알 수 없는 슬픔의 상형문자
언제 저 문자를 해독할 수 있으려나
차디찬 울음의 무늬
햇살이 다독인다

박주가리

가지 끝 얇은 자궁 환하게 비어 있다
여문 햇살 가득 품고 빈집처럼 조용한
꿈꾸던 어린 씨앗들
날개 달고 날아갔다

탯줄 타고 흐르던 뿌리 속 물큰한 초유
푸른 젖 흠뻑 물린 초록의 시간들이
빛바랜 지난날 접고 잎새처럼 반짝인다

새싹을 피워올릴 지상의 길을 찾아
허공으로 날아오를 내 어린 홀씨들
눈부신 바람의 깃을 가슴마다 새겨넣었다

조도 낮춘 저녁놀이 지평선에 모로 눕고
하현달 말 없는 미소 동쪽 하늘 걸리면
자궁 속 가득한 바람
차지만은 않았다

다빈치 글로

그믐의 달은 빛보다 어둠의 밀도가 높아
보름은 아득하고 내 안의 빛이 희미할 때
광활한 우주의 고독
그림자를 드리운다

가슴의 크레이터 상처는 위태롭고
차디찬 달의 바다는 사막처럼 말라 있다
우울한 잿빛 어둠이
대지를 잠식한다

모나리자 미소 같은 은은한 다빈치 글로
마음속 절망을 지울 위로의 빛 한 줄기
당신의 한한 웃음이
나의 어둠을 밝힌다

---

*다빈치 글로: 지구에서 반사된 태양 빛이 달의 밤 면에 비치는 현상(지구조地球照).

GPS를 켜다

위도와 경도를 알 수 없는 생의 지도
방향을 찾기 위해 나침반을 맞춘다
N극을 등 뒤에 두고 남쪽으로 길을 잡는다

자기장의 변화 따라 흔들리는 자북 방향
삶이 죽음이 되고 죽음이 삶이 된다
내가 선 여기는 어디
어디로 가야 하나

인생의 바다에서 길을 잃지 않으려
내 삶의 중심축 자오선을 새긴다
가슴에 GPS를 켠다
진북을 찾는다

증언

기다림은 길었다, 뼈만 남은 외로움
봉인된 시간 속에 이승의 잠은 깊어
천년의 어둠 속에서 울음도 말라 있다

사람이 사람 아닌 비극의 시대에서
부장품과 함께 묻힌 살아 있는 껴묻거리
깨어나 증언하고 싶었다
고요 속 가득한 외침

박물관 한구석에 영혼 잃은 텅 빈 동공
꿈에서도 꿈꿀 수 없던 꿈같은 세상에서
열다섯 어린 송현이
송현이를 기다린다

판화를 새기다

밑그림 하나 없는 아득한 얼굴 위에

살아온 세월만큼 삶의 무늬 새기었다

가볍게, 때론 힘겹게 파 내려간 판각들

음각의 절망들과 양각의 희망들이

겹치고 어긋나며 점묘해낸 판화 한 점

굴곡진 생의 이력이 오롯이 드러나고

손금 같은 빗살무늬 새겨진 화폭 위로

마음의 각도 따라 변하는 홀로그램

웃음 띤 주름 사이로 슬픔이 읽히는데

표현주의 기법으로 작품 가득 아로새긴

세월 속 빛과 그늘, 한 생의 발자취

지난한 시간의 역사 파노라마 펼친다

신라의 달밤

안압지 푸른 물속 연등처럼 달이 떴다
미륵불 환한 미소 시간을 거슬러
보상화 전돌 위에서 만다라로 피었다

꿈꾸던 불국정토 발밑에 딛고 서자
화엄경 독경 소리 바람에 들리는 듯
사라진 구층목탑이 환영처럼 일어선다

황룡사 저녁 종소리 파문으로 번지면
수막새 속 가릉빈가 하늘로 날아오른다
극락에 노을이 진다
월지에 달이 잠긴다

천년 전 역사 속에 순장된 이름으로
머리 없는 돌부처처럼 떠도는 신라의 꿈
목 놓아 울고 있는가
벙어리 저 에밀레

대왕암

대왕의 큰 뜻을 바다는 알았는지
머리 없는 호신석을 병풍처럼 둘러놓고
무덤 속 절절한 꿈을 가슴으로 받아 안았다

명멸한 시간들이 모래알로 반짝인다
전설로 떠도는 오래된 신라의 혼
잠든 저 역사를 깨울 듯 파도 소리 뜨겁다

갈기 세운 푸른 용이 바다를 내달린다
무덤을 뚫고 나온 대왕의 영원한 꿈
파도를 타고 오르는 찬란한 금빛 비늘

사방에 도사린 어둠을 걷어 내려
하늘 위에 토해내는 태양 빛 붉은 여의주
바람은 맑은 입술로 만파식적을 불고 있다

새벽이라는 종교

간밤의 어둠이 이슬로 내려앉으면
어딘가 있을 구원을 향해 기도를 올리는 시간
새벽은 삶의 간절함을 종교처럼 담고 있다

지난 생을 위로하느라 뜬눈으로 뒤척인 밤
옆구리 곤한 잠을 이불 덮어 다독이고
오늘의 길 위에 서서 별빛을 더듬는다

어제의 희로애락이 잔설처럼 남은 거리
골목길 가로등이 출근길을 배웅하면
첫차의 헤드라이트는 어둠을 밀며 간다

새벽이라는 종교 2

새들도 울지 않는 적막한 새벽 네 시
어둠은 아침이 오기 전 가장 깊어
내 안의 낯익은 슬픔에 안부를 묻는다

불 꺼진 간판 사이 불 밝힌 십자가
어둠을 위무하려 사력을 다해 빛나는 시간
새벽의 미명에 기대 운동화 끈을 묶는다

거리의 청소부, 조간신문 배달원
어둠을 지나는 산 자들의 엄숙한 몸짓
오늘의 삶을 만난다
살아 있음이 구원이다

푸른 서책을 읽다

바다가 써 내려간 비문(祕文)의 푸른 서책
파도의 문체엔 율격이 살아 있고

섬들은 문단 사이에
쉼표처럼 찍혀 있다

난바다에 펼쳐놓은 드넓은 여백의 미
심연의 문장은 깊이를 알 수 없어

수평선 밑줄의 의미
아직 읽지 못하는데

해독할 수 없는 난독의 페이지들
구름 속에 숨겨진 키워드를 찾아서

출항의 기치를 내걸고
첫 구절을 읽는다

아득한 깊이에 때로는 절망하고
질문처럼 밀려드는 파도와 싸우면서

나만의 항로를 찾는다
완독을 꿈꾼다

나무 도마

떨어진 비늘들이 사금처럼 반짝이는
생선가게 얼음 위 주검들 가득하다
오늘도 치러내야 할 마지막 죽음의 의식

비린내 지워보려 제 살을 도려내도
온몸에 난무하는 낙인 같은 칼자국들
바닥의 흥건한 노을 발목을 적셔오고

누군가의 죽음이 누군가의 삶이 되는
서늘한 생존의 법칙 먹먹한 자연의 순리
그늘진 생의 언저리 곰팡이 꽃이 핀다

나이테 결을 따라 휘몰아친 격랑의 시간
갈라 터진 가슴팍엔 물기마저 말라 있다
낭자한 칼자국 소리 무르익은 목탁 소리

외계인을 추억하며

낯선 행성 낯선 풍경 새롭지만 두렵고
다른 모습 다른 생각 두렵지만 설렜다
지구와 다른 자기장 자석처럼 이끌렸다

흔들리는 자전축 소용돌이치는 중력
ET를 태운 자전거는 하늘을 날았다
우리의 손가락 끝에선 불빛이 반짝였다

저마다의 태양을 가진 수많은 행성들
구심력과 원심력 사이 팽팽한 긴장감
자신의 공전 궤도를 벗어나지 못했다

새로운 별의 탄생 빅뱅을 꿈꿨으나
우주 속 하나의 점 아득히 멀어져갔다
끝끝내 좁히지 못한
검지손가락 그 간극

보이저 2호

나는 검은 바다의 고독한 항해자
항로 없는 망망대해 우주를 항해한다
별들은 어둠 속에서 좌표처럼 깜박이고

문명을 거부하는 거대한 원시 대륙
언제쯤 긴 항해의 마침표를 찍으려나
아득한 수평선 너머 정박할 항구를 찾네

내일을 알 수 없는 오늘의 외로운 항해
창백하게 빛나는 푸른 별을 뒤로하고
전설의 아틀란티스 신대륙을 찾는다

해설

핼리혜성에서 물의 자궁까지
—최정희 시집, 『보이저 1호가 보이저 2호에게』 읽기

오민석(문학평론가·단국대 명예교수)

1.

보는 것(seeing)은 선택하는 것이다(존 버거 J. Berger). 보는 것은 언어에 앞서서 일어나며, 보는 방식(ways of seeing)은 주체의 생각과 신념을 드러낸다. 최정희의 시선은 멀리 우주까지 뻗쳐 있다. 우주를 향한 이 자세에 최정희 시인의 세계가 드러난다. 최정희 시인은 '지금, 여기'를 보되, 멀리 우주를 돌아온 시선으로 본다. 시인은 말도 하기 전에 먼저 우주를 보고, 우주와 지금 이곳의 현실을 잇는다. 최정희의 시(조)들은 시인의 시선이 우주와 '지금 여기'를 오가는 사이에 별빛처럼 내려온다. 시인에게 우주는 그 자체 별도의 세계가 아니다. 우주는 지금, 여기에 이미 들어와 있고, 그 자체 현실의 일부이다. 우

주에 대한 사유가 부재한 현실과 우주에 대한 사유를 거쳐 도달한 현실은 다르다. 최정희 시인은 지금, 이곳의 현실을 항상 우주라는 프리즘을 통해 들여다본다. 최정희 시인은 최첨단 과학의 우주적 상상력과 시조라는 전통적 예술 형식을 결합하여 시조의 새롭고도 현대적인 가능성을 타진하고 확장한다.

> 태양계 제일 바깥 조금 다른 공전 궤도
> 기존의 틀을 벗어나 자신만의 길을 갔다
> 자격을 박탈당했다
> 행성에서 퇴출됐다
>
> 지배적 권위 따윈 일찌감치 내려놓고
> 위성과 발을 맞춰 춤을 추며 걸었다
> 낭만적 사상을 지닌 독보적 이단아
>
> 내면이 단단한 왜소행성 명왕성
> 중심의 흔들림 없이 공전을 계속한다
> 독자적 노선을 걷는
> 영원한 아웃사이더
>
> ―「134340」 전문

제목의 "134340"은 행성의 "자격을 박탈당"하고 왜소행성으로 분류된 명왕성의 소행성체(행성도 혜성도 아닌 천체) 번호이다. 태양계의 다른 8개 행성의 궤도는 비교적 원형에 가깝다. 그러나 명왕성의 궤도는 매우 찌그러진 타원형이고, 이 때문에 공전 중에 태양에 가장 가까울 때(근일점)와 가장 멀 때(원일점)의 거리가 크게 차이가 난다. 공전 중엔 해왕성의 궤도 안쪽으로 들어와 해왕성보다 태양에 더 가까워지는 때도 있다. 또한 8개 행성의 궤도가 거의 같은 평면, 즉 태양계의 주요 궤도면(황도면)에 놓여 있어서 궤도 경사각이 작은 반면에 명왕성의 궤도는 약 17도 정도 크게 기울어져 있다. 최정희 시인은 명왕성의 이런 특징을 "기존의 틀을 벗어나 자신만의 길을" 가는 것으로 읽는다. 명왕성은 이렇게 탈체제적인 경향 때문에 우주에서 행성 자격을 박탈당한 이단아이다. 시인이 볼 때 명왕성은 "지배적 권위"보다 "낭만적 사상을 지닌 독보적"인 존재이다. 우주의 한 소행성체를 이렇게 의인화하면서 최정희가 노리는 것은 지구상에서 벌어지는 모든 일들과 유사한 일들이 저 먼 우주에서도 똑같이 일어나고 있다는 사실의 환기이다. 체제 이탈적이며 오로지 "자신만의 길"을 가는 시인들처럼 명왕성은 태양계 안에서 가장 도발적이어서 퇴출당한 이단아다.

우주는 멋진 신세계
클론을 생산한다

동일한 DNA 무한한 자기 복제
은하계 어딘가에서 블루마블이 빛나고 있다

같은 모습 같은 시간 살고 있을 똑같은 나
다른 생각 다른 세상 살고 있는 또 다른 나
평행한 우주의 시간 속
무수한 데칼코마니

운명을 결정하는 끝없는 갈림길
오늘의 선택이 내일의 나를 만든다
지구와 똑같은 행성
나와 다른 도플갱어

—「평행우주」 전문

    가설이기는 하지만 평행우주론에 따르면 우주는 "무한한 자기 복제" 기능을 가지고 있다. 우주 어딘가에 또 하나의 "블루마블"이 있으며, 거기에 "똑같은" 그러나 "다른 생각 다른 세상 살고 있는 또 다른 나"가 있다는 발상은 얼마나 흥미로운가. 최정희 시인에게 평행우주론은 단순한 우주 이론을 넘어 우주와 '지금, 여기'의 은유적 연결을 가능케 하고 그를 통해 시인의 우주적 상상력에 정당성을 부여하는 장치가 된다. 앞에서 명왕성을 지상의 "독보적 이단아"에 비유한 것도 시인이 우주적 상상력을 통해 우주에서의 사건들과 지상에서의 사건들 사이에 있을 수 있는 '친족 유사성(family resemblance)'을 발견했기 때문에 가능한 일이다.

> 열 번의 달이 차고 지는 동안 여인은
> 자궁이란 사원 안에 경전을 새기네
> 장엄한 화엄의 세계를 꽃씨 속에 새겨넣듯
>
> 청보리밭을 지나는 바람의 몸짓과
> 새소리 가득한 봄날의 환한 고요
> 태양의 빛과 어둠은 동공 속에 새겨넣네
>
> 제단 앞 비손의 청정한 물 한 대접
> 우주를 돌고 돌아와 양수로 부푸네
> 흠 없이 완전무결한 신성한 경전 한 편
>
> 이제 곧 닫혔던 사원의 문이 열리네
> 세월의 마니차를 돌리는 늙은 여인들
> 폐허의 사원에 앉아 새 경전을 받아 드네
> ―「몸속의 사원」 전문

앞의 두 작품이 우주적 상상력의 초입을 보여준다면, 이 작품은 그런 상상력의 한층 더 원숙한 힘과 깊이를 제시한다. 이 작품은 자궁과 우주를 연결하는데 이는 단순한 발상이 아니라 시인의 독특한 세계관을 드러내는 것이다. 시인이 볼 때 자궁은 그 자체 여성 몸의 일부이자 우주를 주관하는 신적 존재의 "사원"이다. 자궁의 주인인 여성은 그 사원 안에 임신 기간 내내 "화엄의 세계를 꽃씨 속에 새겨넣듯" "경전을 새"긴다. 여인은 "동공 속에" 바람과 새소리와 빛과 어둠을 새겨넣으며 사원의 제단 앞에 "청정한 물 한 대접"을 올리고 "비손"하는데, 그 기원(祈願)은 멀리 "우주를 돌고 돌아와 양수로 부"푼다. 이 작품에서 지상의 몸과 우주는 이렇게 하나의 기원(起源)으로 합치된다. 최정희 시인에게 우주는 먼 하늘이 아니라 여성의 자궁에 이미 들어와 있으며, 이렇게 해서 여성의 몸은 그 자체 하나의 거대한 우주가 된다.

2.

최정희 시인은 왜 블루마블을 떠나 우주로 상상력을 쏘아올렸을까. 시인은 왜 전통 시조의 틀 안에 우주와 과학과 신화와 일상을 뒤섞을까. 이에 대한 대답은 이 시집의 구성과 제목에서도 대충 드러난다. 이 시집의 첫 번째 시는 「보이저 1호」이고 마지막 시는 「보이저 2호」이며, 이 시집의 제목은 "보이저 1호가 보이저 2호에게"이다. 그러므로 이 시집의 시들은 보이저 1호와 보이저 2호, 그 사이에 있다고 보면 된다. 보이저 1, 2호는 미국 항공우주국에서 1977년에 발사한 쌍둥이 탐사선으로서, 지금까지 인류가 만든 우주선 중에 가장 멀리 그리고 가장 오랫동안 활동하고 있는 탐사선이다. 그러니까 시인은 현재까지 인간의 기술이 경험적으로 가닿은 가장 먼 우주의 위치에서 블루마블을 내려다보고 있는 셈이다. 시인은 이렇게 할 수 있는 한 가장 먼 곳으로 언제든 떠날 수 있는 "끝없는 역마살"의 소유자이다.

> 서로의 안부 인사는 여기쯤에서 끝내요
> 어깨에 짊어진 삶의 무게를 벗어던지자
> 내 안의 끝없는 역마살
> 등대처럼 반짝여요
>
> 심장을 뛰게 하는 건 두려움 혹은 설렘
> 미지의 지평선 우주의 끝을 향해
> 새로운 여정의 시작
> 내 피는 요동쳐요
>
> 고독은 방랑자의 숙명일까요 낭만일까요
> 태양은 가슴속 추억으로 남겨두고
> 오르트 저 구름 너머

내 별을 찾아 떠나요

—「보이저 1호」 전문

    최정희 시인의 상상력은 '지금, 여기'에 멈추어 있지 않다. 시인의 피는 "미지의 지평선 우주의 끝"을 향해 요동친다. 시인의 진짜 삶을 추동하는 모티프는 안정이 아니라 "두려움 혹은 설렘"을 유발하는 것들에서 온다. 시인은 정주(定住)가 아니라 유목민적 탈영토의 삶을 꿈꾼다. 최정희 시인이 궁극적으로 찾고자 하는 "내 별"은 '지금, 이곳'이 아니라 "오르트 저 구름 너머"에 있다. 이 시집은 "방랑자의 숙명"이든 "낭만"이든 간에 먼 우주에 있는 "내 별"을 찾기 위해 일단 떠나는 화자의 결단으로 시작된다. 시인만의 고유한 세계가 '지금, 여기'가 아니라, '저기, 멀리' 우주에 있기 때문이다. 시인의 통찰은 시인이 저기 멀리 있는 "내 별"에서 지금, 여기를 쳐다볼 때 생겨난다.

그늘의 배후는 한낮의 초록이다

그늘 한 필 짜는 동안

봄을 다 탕진했다

남은 건 적막 가득한

오후의 열기뿐

햇살 냄새 오롯한 초록빛 어둠 속에

청량한 바람 한 점

그림자에 스며든다

태양이 뜨거워진다

그늘이 싱싱하다

매미의 울음소리 여름이 깊어간다

땀에 젖은 시간이

꽃으로 만개한다

그늘을 긁어모으자

소금이 한 섬이다

―「그늘의 배후」 전문

  스스로 존재하는 것은 대문자 신밖에 없다. 세상 만물엔 배후가 있다. 대상에 대한 이해는 대상 자체가 아니라 그것의 배후까지 한꺼번에 읽어낼 때 생겨난다. 위 시에 나오는 배후들의 순서를 따라가 보면 최정희 시인이 왜 우주적 상상력을 끌어올 수밖에 없는지 잘 알 수 있다. 가령 그늘의 배후엔 나무, 즉 "한낮의 초록"이 있다. "한 필"의 그늘을 짜는데 온 봄이 다 탕진된다. 그런 "초록빛 어둠"을 만든 나무의 뒤에는 어떤 배후가 존재할까. 그것은 바로 "태양"이다. 사람들이 그늘과 그것의 배후인 나무만 볼 때, 시인은 무려 1억 5천만 킬로미터

떨어진 곳에 있는 나무의 배후, 태양을 본다. 그늘→나무→태양으로 이어지는 우주적 상상력은 다시 거꾸로 태양→나무→그늘로 돌아온다. 시인의 우주적 상상력의 종점은 항상 '지금, 이곳'이다. 다만 시인은 지금, 이곳만 보지 않고 지금, 이곳의 먼 배후인 우주의 시각으로 지금, 이곳을 다시 본다. 마지막 두 행, 즉 먼 우주의 태양이 뜨거워지니 '지금, 여기'의 "그늘이 싱싱"해진다는 발상이 바로 이런 인식의 결과이다. 최정희 시인의 세계는 그 상상력의 크기만큼이나 광대하다. 다음을 보라.

> 태풍이 휘몰아친 바람의 흔적인가
> 어머니 손바닥 위 삭정이 가득하다
> 상처로 욱신거리는
> 손톱 위 푸른 초승달
>
> 시베리아 고기압 차디찬 문양으로
> 삶은 또 쉼 없이 흔들려야 하는 건가
> 아버지 굽은 손마디
> 더께 앉은 굳은살
>
> 깊게 팬 골짜기엔 물소리 아득하고
> 메마른 대지에는 모래 먼지 버석일 뿐

세월은 지문 속에서

나이테를 그린다

—「바람의 지문」 전문

   고된 노동과 세월의 흐름으로 노쇠해진 부모의 손을 측은지심으로 바라보는 시들은 흔하다. 그러나 그 고통스러운 시간의 흔적을 광대한 우주적 상상력으로 그려낸 작품은 드물다. 앞에 인용한 작품과 마찬가지로 시인은 '지금, 여기'의 대상에서 그것의 넓은 배후로 상상력을 넓혀간다. "어머니 손바닥 위 삭정이"의 배후엔 어머니의 삶에 고통스레 휘몰아쳐 왔던 "태풍"이 있다. 어머니 손바닥의 삭정이 같은 잔주름들은 바로 그 바람의 흔적이다. 그런데 "상처로 욱신거리는" 어머니의 손톱 위에서 시인은 "푸른 초승달"을 본다. 손톱 안쪽에 있는 무늬가 초승달을 닮았으므로 이런 상상이 가능할 것이다. 흔히 반월(半月) 혹은 조반월(爪半月)이라 부르는 이 무늬를 영어로는 'lunula'라 하는데, 이 단어 역시 '초승달 모양의 것'이라는 뜻이 있으며 라틴어 '작은 달(little moon)'에서 온 단어이다. 시인의 우주적 상상력은 멀리 인간의 배후에 있는 위성을 순식간에 끌어들인다. "아버지의 굽은 손마디"을 보면서도 시인은 멀리 "시베리아 고기압"을 떠올린다. 아버지의 손마디에서 시인은 물소리가 아득한 "깊게 팬 골짜기"와 "메마른 대지"를 떠올린다. 그러므로 인간의 몸에 생긴 주름은 모두 먼 위성과 골짜기와 대지를 거쳐온 "바람의 지문"이라는 설명이 가능해진다. 최정희 시인의 상상력은 이렇게 지상의 물상들과 우주 사이에서 넓고 크고 깊게 진동한다.

3.

지상에 있는 존재들의 먼 배후가 우주라면, 하늘의 초승달이 내려와 어머니의 손톱이 되었다면, 서로 멀리 떨어져 있더라도 이 양자 사이엔 친족 유사성이 존재할 수밖에 없다. 말하자면 동일한 유전자가 우주라는 거대 공간의 무수한 존재들을 관통하고 있다는 세계관이 가능해진다. 지상에서 우주로, 우주에서 다시 지상으로 끊임없이 왕복 운동하는 최정희 시인의 상상력에도 당연히 이런 세계관이 깔려 있다.

> 고기가 온다, 유전자에 새겨진 선명한 물길
> 바다의 물빛마저 환하게 바꿔놓으며
> 운명의 그 길을 따라
> 떼를 지어 오고 있다
>
> 별자리 운항처럼 몸 안에 새겨진 항로
> 자궁 속 그리움이 잠든 세포를 깨우면
> 은하의 흰 별빛같이 비늘들 반짝거리고

공전의 속도로 돌아오고 있는 것들

바다의 심장이 푸르게 요동친다

어부는 파도의 문장을 꼼꼼하게 읽는다

무거워진 바다 한쪽이 둥글게 휘어진다

만선의 깃발로 마중 나가는 어선들

오래된 파시의 기억

포구가 술렁인다

—「파시」 전문

  물고기들에겐 "유전자에 새겨진" GPS가 있다. 그것은 망망대해에서 그들에게 "선명한 물길"을 알려준다. 첫 번째 연은 수많은 고기 떼가 "바다의 물빛마저 환하게 바꿔놓으며" 운명의 길을 만드는 장관을 보여준다. 문제는 두 번째 연에서 일어난다. 시인은 물고기들의 "몸 안에 새겨진 항로"를 "별자리 운항"에 비유한다. 그들의 유전자에 새겨진 운명의 길은 "별자리"라는 더 먼 배후를 가지고 있다. 그 먼 우주의 별자리가 지상의 물고기 떼의 "자궁 속 그리움이 잠든 세포를" 깨울 때, 수많은 물고기의 비늘들이 반짝거리는 모습을 시인은 다시 "은하의 흰 별빛"에 비유한다. 최정희 시인의 비유는 이렇게 빈번히 지상과 우주를 수시로 오간다. 시인은 물고기들이 돌아오는 것도 지구 "공전의 속도"에 비유한다. 물고기 떼로 "바다의 심장이 푸르게 요동"칠 때, 어부는 바로 그 "파도의 문장을 꼼꼼하게 읽는다". 이처럼 최종적으로 우주 만물을 서로 연결하는 긴 운명의 법칙을 읽어내는 것은 인간이고 시인이다. 이 점에서 어부는 바로 시인의 은유일 수도 있다.

> 나는 검은 바다의 고독한 항해자
> 항로 없는 망망대해 우주를 항해한다
> 별들은 어둠 속에서 좌표처럼 깜박이고
>
> 문명을 거부하는 거대한 원시 대륙
> 언제쯤 긴 항해의 마침표를 찍으려나
> 아득한 수평선 너머 정박할 항구를 찾네
>
> 내일을 알 수 없는 오늘의 외로운 항해
> 창백하게 빛나는 푸른 별을 뒤로하고
> 전설의 아틀란티스 신대륙을 찾는다
> ―「보이저 2호」 전문

앞에서 말했듯이 이 시집의 첫 번째 시가 「보이저 1호」이고, 「보이저 2호」가 이 시집의 마지막 시이다. 이 시집은 제목대로 보이저 1호와 2호 사이의 대화이다. 시인은 지금까지 지구에서 가장 멀리 나가 가장 오래 활동하고 있는 보이저 1, 2호처럼 먼 우주의 시각에서 '지금, 여기'를 읽는다. 시인은 '보이저 2호' 안에 화자를 앉혀놓고 자신을 "검은 바다의 고독한 항해자"라 부른다. 시인의 "좌표"는 당연히 우주의 어둠 속에서 빛나는 "별들"이다.

    최정희 시인은 멀리 우주에서 눈부시도록 아름다운 블루마블을 들여다보며 "아득한 수평선 너머 정박할 항구"를 찾는다. 시인이 볼 때, 우주와 지상의 항구는 서로 같은 운명의 회로로 연결되어 있다. 시인은 "핼리혜성"과 지구의 푸른 "물의 자궁"이 동일한 유전자로 이루어져 있음을 알고 있다. 최정희 시인은 별의 좌표에 따라 파도의 문장을 읽는 어부처럼, 지상의 존재에 깊이 스며들어 있는 우주의 박동 소리를 듣는다.

시인동네 시인선 265

보이저 1호가 보이저 2호에게
ⓒ 최정희

초판 1쇄 인쇄 2025년 10월 29일
초판 1쇄 발행 2025년 11월 5일
지은이 최정희
펴낸이 김석봉
디자인 헤이존
펴낸곳 문학의전당
출판등록 제448-251002012000043호
주소 충북 단양군 적성면 도곡파랑로 178
전화 043-421-1977
전자우편 sbpoem@naver.com

ISBN 979-11-5896-718-5 03810

*이 책의 판권은 지은이와 문학의전당에 있습니다.
*양측의 서면 동의 없는 무단 전재 및 복제를 금합니다.
*잘못 만들어진 책은 바꿔드립니다.